# 永遠に刻みたい

# イチロー262のメッセージ

Ichiro's message 2013-2019

# この本の使い方

イチローさんの言葉を、時には何かに挑戦する際の参考意見のように、時には勇気をもらうバイブルのように、どこにでも持ち運べる本があったらいいのではないか。そんなふうに生まれたシリーズの、最新版ができました。

今回は、イチローさんの引退を受けて「ラストメッセージ」という伝え方をしています。もちろん、本書で多く語られているように、野球の研究者としてのイチローさんの歩みは、今後も深く掘り下げられていくでしょうから、引退後の活動や発言も、とても興味深いであろうことは間違いありませんが、この本では、イチローさんの２０１３年のシーズンから、２０１９年の引退の前後にあたるまでの、発見や哲学に満ちた数々の肉声を集めています。プロ・アマを問わずスポーツに打ち込んでいる方たちや、仕事や家庭で悩みを抱えて頑張る方たちに、現実との摩擦を抱えている最中にこそ響くイチローさんの言葉を届けられたらいいな、という意図で編集してあります。

２０１３年から２０１９年までのイチローさんは、これまでと同じように、大リーグでの３０００本安打、日米通算では最多安打である４３６７安打、最多打数である１３５５３打数、最多試合数である３６０４試合などと、多くの記録も出し続けました。しかし、実際に語られた言葉をお読みになっていただければわかるように、結果や数字という現実に向き合いながらも、それだけではない価値観を練り上げ、掘り下げ続けるところに、イチローさんらしさが感じられるかと思います。どうぞ、じっくりとお楽しみください。

本書『永遠に刻みたい　イチロー262のメッセージ』は、2013年から2019年における、イチロー選手の各メディアでの発言を参考資料として編集・構成したものです。

## 参考資料一覧

【報道】
NHK、日本テレビ、TBS、フジテレビ、テレビ朝日、フォックス・スポーツ、TBSラジオ、朝日新聞、読売新聞、毎日新聞、日刊スポーツ、スポーツニッポン、報知新聞、サンケイスポーツ、シアトル・タイムズ

【雑誌】
「プレジデント」2016年2月15日号

Design：出田 一／松坂 健（TwoThree）
Cover Photo : AP/アフロ

# 第1章

# ラストメッセージ

——2019年3月21日東京ドームにて

イチローさんの最後の試合と、深夜の「とことん付き合います」という引退会見の中継に夢中になった人も多いでしょう。本章では、その前後の言葉をひと言ずつ振り返ります。かつて、２０１４年のシーズン後の公式会見でも「いくつか自分の支えになっている経験ってあるんですが、間違いなくそこに加わる時間だった。今後の自分の支えになるシーズンになったと思います」と言っていたように、イチローさんは、節目を迎えること自体を、次に生きる経験として、その後に生かそうとしています。イチローさんが、最終戦で、むしろ新しく見つけたものは何だったのか。そんなふうに考えながら読んでみても、おもしろいかもしれません。

# 1

今日の球場での出来事、
あんなものを見せられたら、
後悔など、あろうはずがありません。

2019年3月21日、最後の試合を終えてのひと言。「びっくりしたな、ちょっと感激しましたね」とも言った。「あんなもの」とは、試合中も試合後も歓声がやまなかった結果、イチローさんが球場を1周してファンたちに手を振り、無言の挨拶を交わすまでに至った、ゲーム前後に起きた前代未聞の出来事すべてを表していると思われる。

# 2

結果を出すために、人より頑張ったとは言えません。
でも、自分なりに頑張ってきたとは言えます。

2019年3月21日、最後の試合を終えた後の、会見での言葉。「これを重ねることでしか、後悔を生まないことはできないのではないか、と思います」とも言った。

# 3

こんなに遅い時間に、お集まりいただいて、
ありがとうございます。

2019年3月21日の試合を終え、午後11時56分から始まった引退会見の冒頭に挨拶をしたときの言葉。「こんなにいるの？　びっくりするわ。そうですか」と言った後に。

# 4

最後に、この（マリナーズの）ユニフォームを着て、
この日を迎えられたことを、
たいへん幸せに感じています。

2019年3月21日、引退会見での言葉。この後、「この28年をふりかえるには、あまりにも長い時間だったので」と言葉を継いだ。

5

みなさんの質問があれば、
できる限りお答えしたいと思います。

2019年3月21日、引退会見での言葉。この後、「この28年をふりかえるには、あまりにも長い時間だったので」と言葉を継いだ。

## 6

今後、時間が経った時、
今日のことが、真っ先に浮かぶことは、
間違いないと思います。

選手生活の中で最も印象的だった時を問われ、「今日を除いて、ですよね」と前置きをした後で。

# 7

ぼくは、いろいろな記録に立ち向かってきましたが、
そんなものは、たいしたことではありません。

引退会見の席上で、選手生活の中で最も印象的だった時を問われた際の言葉。「そのことに、それほど大きな意味はありません」とも言った。

# 8

今日のような瞬間を体験すると、
記録なんて、小さく見えてしまいます。

選手生活の中で最も印象的だった時を問われた際の言葉。「わかりやすいところで言えば、10年間、200本の安打を打つことを続けてきたわけですが、それは、ほんとうに小さいことだと思います」とも言った。

9

昨年の5月以降、ゲームに出られない状況の中で、
そのための準備を最後まで成し遂げられなければ、
今日のこの日はなかったんです。

同引退会見で噛みしめるように話した言葉。選手生活の中で最も印象的だった時を問われた際に。「今日のこの舞台に立てたということは」と、そこまで辿り着くことの大きさを強調した言葉の後に説明している。

# 10

記録は、いずれ誰かが抜いていくと思います。
でも、昨年の5月からシーズン最後までの出来事は、
ひょっとしたら誰もできないかもしれません。
ささやかな誇りを生んだ日々でした。

記録について触れた言葉。選手生活の中で最も印象的だった時を問われた際に。「どの記録よりも、自分の中ではほんの少しだけ誇りを持てたと思います」とも言っている。

# 11

（試合が終了してから、球場内を一周して
別れを惜しむファンに顔を見せたことについて）
ゲーム後に、あんなことが起こるとは
想像していませんでしたが、実際にそれが起きました。

最後の試合を終え、拍手が鳴りやまない客席に応え、日本国内のファンとの間に起きた、思いがけない交流について。

# 12

日本のファンの方々は
気持ちを表現するのが苦手という
イメージがあったんですけど、
それが完全に覆りましたね。

2019年3月21日、試合終了後に球場を回った中で感じたこと。「これまでは、なかなか、日本のファンの方の熱を感じるのは難しかったんですね。日本では、ゲームは基本的に静かに進んでいくんですけど」とも言った上で。

# 13

（日本のファンの）
内側に持っている熱いものを
表現した時のこれほどの迫力は、
今まで想像できなかったです。

同引退会見での言葉。試合終了後、球場を回った中で感じたことについては、「最も特別な時間でした」とも言っている。

## 14

# ファンの方なくして、自分のエネルギーは「ない」と言ってもいい。

引退会見でのファンについての言葉。「ニューヨークに行った後ぐらいにですね、自分のためにプレイすることによって、人に喜んでもらえることが、自分の喜びに変わったんです」と言った後に。

# 15

野球のことを愛したことだと思います。
これが、変わることはありませんでした。

同引退会見で、貫いたことについて訊かれた時の言葉。その後には、この夜、何回か繰り返されることになる「……あれ、ぼく、おかしなこと言ってます？　大丈夫？」というセリフを、笑いながら付け加えている。

16

子どもの頃から、プロ野球選手になることが夢で、
最初の1～2年は1軍に行ったり、2軍に行ったり。
この頃は、楽しかったんです。

「野球が変わることはなかった」と言った後に、プロ野球生活を振り返りながら。

# 17

94年に、仰木彬監督に出会って、
レギュラーで使ってもらったんです。
ここまででしたね、純粋に野球が楽しかったのは。

プロ野球生活の始めの頃を振り返りながら。今では世界的なアイコンとなっている「ICHIRO」という登録名を提案した張本人である恩師に、売り出してもらった時期のことである。

# 18

いきなり、選手としての番付を上げられて。
力以上の評価をされるのって、苦しいんですよね。

同引退会見での、最初に活躍した頃についての言葉。1994年に210本安打を打ち、首位打者、シーズンMVPを獲得するなど活躍した後の状態を「番付を上げられて」と言った。

19

野球をやることそのものは、純粋に楽しいんです。
でも、「やりがいのあること」イコール「楽しいこと」か、
と言われると、違うんですよね。

プロとは何かにまつわる言葉。「将来は楽しい野球をやりたい」とも言っている。

# 20

プロ選手になった後には、
また違うことを夢見ている自分がいたんです。

同引退会見での、プロ野球選手についての言葉。ここでの「また違うこと」は、野球を楽しむことと思われる。そして、違うことを夢見ることについて、このセリフの後に「中途半端に野球をやっている人には味わえないもの」と伝えていた。

# 21

# 誰かの思いを背負うというのは、重いことです。

引退会見での、プロとは何かにまつわる言葉。「野球をするというのは、純粋に楽しいことではないんですよね」と言った後のセリフである。

## 22

もちろん実際にはしませんが、
死んでもいいと思う瞬間って、
こういう時なのかな、と思いました。

2019年3月21日、引退会見での言葉。「（ファンの人たちが）最後まで球場に残ってくれて……」と、球場を回ったことについてのセリフであることも伝えている。

# 23

## 日本に戻る選択肢は、なかったです。

引退会見での、日本復帰について問われた際の言葉。それについてどう考えてきたのかについてなのか、「ここですべては言えないな」というセリフを続けた。

# 24

言葉にして、表現することは、
目標に近づく一つの方法だ、と思っています。

同引退会見での、これまでの自らのパフォーマンスを振り返っての言葉。「最低、50歳まで続けたいとは思っていた……それは叶わずに、有言不実行の男になってしまったけれども、それでも、言葉にして目標に向かう必要があった」とも言っている。

# 25

今は、未来についてはわからないですね。
でも、たぶん明日も、トレーニングはしています。
じっとしていられないから。

引退会見での言葉。「きっと、動き回っています。ゆっくりしたいなんて気持ち、全然ない。動き回ります」

## 26

# 「生き様」……、ぼくには、よくわかりません。

引退会見の席上で、「イチロー選手の生き様で、ファンの方に伝えられたことや、伝わっていたら嬉しいなと思うことはあるか」を問われて。

## 27

「生き様」ではなく、
「生き方」というふうに考えるとしたら……
さきほどもお話をしましたが、
「人よりも頑張る」なんてことは、
とてもできません。

「生き様」を訊かれての言葉。「あくまでも、『はかり』は自分の中にあります」とも言った。

# 28

自分の中にある「はかり」を使いながら、
自分の限界を、ちょっとずつ超えていく。

引退会見の席上でのセリフ。「そうすると、いつの日か、こんな自分になっているんだ、ということに気づきます」とも言った。

## 29

少しずつの積み重ねでしか、
それまでの自分を超えていけない、
と思っているんです。

「積み重ね」についての言葉。「一気に高みに行こうとすると、今の自分とのギャップがありすぎて、それを続けられません」とも言った。

# 30

地道に進むしかありません。
ある場合には「後退しかしない」時期もあるので、
自分がやると決めたことを信じてやっていきます。

同引退会見での、挑戦する姿勢について触れた言葉。「でも、それが正解とは限らない」とも言った。

# 31

間違ったことを続けているかもしれませんが、
遠回りをすることで、
ほんとうの自分に出会えると思います。

「地道に進むこと」についての言葉。「今日のゲーム後に、ファンの方たちの気持ちを見させてもらった時に、ひょっとしたら、そんなところを見てくれていたのかな、とも思いました」とも言った。

32

これからのぼくは、何になるんですかね？
「元・イチロー」になるんですかね。
「元・イチロー」って、へんだね……。

2019年3月21日、引退会見での言葉。「書く時、どうなるんだろうね。どうしようか」とも言った。

33

監督をやるなんて、絶対に無理ですよ。
これには、「絶対」がつきます。

同引退会見での、今後を問われた際の言葉。「いやぁ、無理ですね。それくらいの判断能力は備えていますので」とも言った。

# 34

今までは、ややこしかったじゃないですか。
プロだから、子どもに野球は教えられなかった。
アマチュアとプロの壁が、日本では、
特殊な形で存在していますから。

今後を問われた際の言葉。「今日をもって、『元選手』になるじゃないですか。教えるのは、高校生なのか、大学生なのか、わからないですけど、そこには興味がありますね」とも言った。

# 35

アメリカのファンの方々、最初は厳しかったです。
日本に帰れ、なんて、しょっちゅう言われました。

2019年3月21日、引退会見での言葉。「19年ですよ?」と時間の経過に改めて驚いたセリフの後に。

## 36

（アメリカでは）
認めてもらった後には、すごく近くなるという印象で、
ファンとの間に、がっちりと関係ができあがります。

2019年3月21日、引退会見で、アメリカのファンに言及しての言葉。「結果を残した後の敬意というのは、手の平を返すと言うか。行動で示す敬意には、迫力があるという印象です」とも言った。

37

シアトルのファンとの間に、
がっちりした関係ができたというのは、
勝手なこちらの印象ですけど。
ニューヨークは、厳しいところでしたね。
でも、結果を出せばすごい評価をしてくれた。

同引退会見での、アメリカのファンについての言葉。「マイアミは、ラテンの文化が強い印象で、圧はそれほどないんですが、結果を残さないと観に来てもらえない」とも言った。

# 38

アメリカは、広いなぁ、と……。
それぞれの街のファンの方たちに特徴があって、
広いなという印象があります。

同引退会見にて、アメリカのファンに言及しての言葉。「それぞれの場所で、関係を築けました」とも言った。

# 39

でもやっぱり、
最後にシアトルのユニフォームを着て、
姿をお見せできなくて、
申し訳ない思いがあります。

2019年3月21日、引退会見での、東京の球場に足を運ぶことができない人が多いであろう、シアトルを含めたアメリカのファンに対して配慮を見せた言葉。

## 40

# 言わないほうがいいんだよね。やぼったくなるから。

「ぼくが着ていたTシャツにどんな意味があるのかは、見るほうの解釈ですから。いちいち説明すると、やぼったくなる。言うと無粋になることは間違いないです」とも言った。

# 41

妻は、いちばん頑張ってくれたと思います。
いやぁ、頑張ってくれましたね。

引退会見での、家族への感謝を語った言葉。「ぼくはアメリカで3089本のヒットを打ったんですけど、そのゲーム前、ホームの時にはおにぎりを食べるんです。妻が握ってくれたおにぎりの数は、2800ぐらいなんです」とも言って、弓子夫人への感謝を表現した。

# 42

妻には、ゆっくりしてほしいですね。
それと、一弓ですね。わが家の愛犬なんですけど。

引退会見での、家族への気持ちを話した言葉。「今年で18歳になろうかという柴犬なんです。さすがにおじいちゃんになってきて、毎日フラフラですけど、懸命に生きているんですよね。その姿を見たら、おれも頑張らないとなぁ、と思ってきました。これはジョークでもなく」とも言った。

# 43

一弓の、あの懸命な姿。
まさか現役を終える時まで
一緒に過ごせるとは思っていなかったので。

同引退会見での、愛犬にまつわる言葉のひとつ。「感慨深いです。妻と一弓には、感謝の思いしかないです」とも言った。

44

# その質問、ここで、要る……? 裏で話そう、後で。

2019年3月21日、引退会見で、「引退を決めた打席での、感覚の変化はどのようなものだったのか」と訊かれて。例えば、漫才師「爆笑問題」の太田光氏は、この質問への答えを「実は、聞きたかった」と言っていた(2019年3月26日放送のTBSラジオ『爆笑問題カーボーイ』より)。会見の中でも、注目度の高かった質問と返答のひとつだった。

# 45

これまでしてきた大きな決断には、
どれがいちばん、とは順番をつけられないです。
それぞれが、いちばんだと思います。

2019年3月21日、引退会見で、決断について触れた言葉。「ただ、アメリカでプレイするためには、当時の制度では、もちろん、球団からの許可がなければならなかった。自分の思いだけでは、実現できなかったことは、よく覚えています」とも言った。

# 46

アメリカでプレイするには、
日本の球団で誰かを口説かなければいけなかった。
その時、真っ先に浮かんだのが仰木監督でした。

同引退会見での、恩師を語った言葉。「仰木監督なら、おいしいごはんとお酒に誘ったら、うまくいくんじゃないかな、と」とも言った。

# 47

メジャーに行くのはだめだ、と言っていた人が、
お酒でこんなに変わってくれるんだ、と。
酒の力をまざまざと見ました。

2019年3月21日、引退会見での、恩師にまつわるセリフ。「まんまと、うまくいきまして。口説く相手に仰木監督を選んだのは大きかったです」とも言った。

## 48

# 仰木監督から学んだものの大きさは、はかりしれないです。

引退会見での、恩師から受けとったことについての言葉。「仰木監督は、洒落た人でしたね」とも言った。

# 49

台湾には、一回、行ったことがあるんです。
人が、すごく優しい印象でした。
心が優しくて、何かいいな、と思いました。

同引退会見で、台湾のファンに向けての言葉を求められて。「チェン（・ウェイン）は元気ですかね。（マーリンズで）チームメイトだったので」とも言った。

# 50

野球は、団体競技なんですけど、
個人競技なんですよ。
それが面白い。

同引退会見の席で、野球の面白さを問われて。「個人としても結果を残さないと、生きていくことはできません」とも言った。

# 51

野球には、同じ瞬間がない。
必ず、どの瞬間も違う。
これは、飽きが来ないですよね。

同引退会見で、野球の面白さを問われて。個人競技と団体競技の狭間にあることについては、「本来は、チームとして勝っていけば、チームのクオリティが高い、ということになる。でも、野球は決して、それだけではありません」とも言った。

# 52

次の5年、10年、しばらくは、
変化した野球の流れは、止まらないと思います。
ベースボールが変わってきていることに対しては、
危機感を持っている人も多いと思います。

同引退会見で、野球の変化についての話を継いで。「本来、野球は、頭を使わないとできない競技なのですが。それが違ってきているのは、どうも気持ちが悪くて」とも言った。

# 53

日本の野球は、頭を使う面白い野球であってほしいです。
アメリカの野球に追随する必要はないと思う。

同引退会見で、野球の変化についての言葉。「アメリカの野球の流れは変わらないと思うので、せめて、日本の野球は、大切にしなきゃいけないものを大切にして欲しいと思います」とも言った。

## 54

ぼくのしてきたことが、成功かどうかなんて、
よくわからないですよね。
ぼくには、まったく判断ができません。

2019年3月21日、引退会見での言葉。「だから、ぼくは成功という言葉が嫌いなんです」とも言った。

# 55

ここでは、敢えて「成功」と表現しますが、
成功すると思うからやってみたい、
できないと思うからやらないという判断基準では、
後悔を生みます。

同引退会見での、「成功」というものについての言葉。「メジャーリーグに挑戦するということは、大変な勇気が要るとは思うのですが」という言葉に続けて。

## 56

やってみたいなら、挑戦すればいいんです。
そうすればどんな結果が出ようと、後悔なんてない。

引退会見での、決断についての言葉。「基本的には、やりたいと思ったことに向かっていったほうがいいですよね」とも言った。

# 57

「得たもの」ですか？
……まぁ、こんなものかなぁ、という感覚ですかね。

選手生活で得たものを問われた際の言葉。「200本安打も、もっと打ちたかったですし、できると思いましたし」とも言った。

# 58

「勝つこと」って、大変です。
この感覚を得たのは、大きかったですね。

同引退会見での、長い時間をかけて獲得したことについての言葉。「アメリカに来て1年目、2年目には、勝つのってそんなに難しいことではないと思っていたんですけど」とも言った。

# 59

神戸に対しては、
選手を続けることでしか恩返しはできない。
そう思って、できるだけ長く、現役を続けていたんですよね。

2019年3月21日、引退会見での、神戸についての言葉。活躍したオリックスがあり、アメリカに渡った後も、オフにはいつも練習を重ねていた土地について、「神戸は、特別な街です」と言った後に。

# 60

基本的な連携などの動きは、メジャーリーガーより、日本の中学生のほうがうまい可能性はあります。

同引退会見での、日本の野球にまつわる言葉。「日本の野球で鍛えられる面はあるんです。日本で基礎をつくり、ゆくゆくはメジャーリーグでというのをできるだけ早くやりたいという気持ちはわかりますが」とも言った。

61

# チームとしての連携は、日本では言わなくてもできますからね。

2019年3月21日、引退会見で、日本の野球の長所を伝える言葉。「アメリカでは、個人としてのポテンシャルは高いでしょうけど、連携については、苦しんで諦めました」とも言った。

62

# 翔平は、世界一にならないといけない選手ですよ。

同引退会見での言葉。「ぼくがピッチャーで、翔平がバッターで、対戦したかったです」とユーモアを交えながら、大谷翔平選手を「世界一にならないといけない」とは、この会見の中で別々に2回話している。

## 63

１シーズンごとに、サイ・ヤング賞とホームラン王を取る。翔平は、その可能性だって、想像させるじゃないですか。

同引退会見で、大谷翔平選手について問われた際の言葉。「そんなこと、考えられないですよ。でも、そんなことを想像させる時点で、翔平は、人とは違うんじゃないかな、と思います」とも言った。

64

将来は、違う野球選手になっているかもしれません。真剣に、草野球をきわめる選手になると思うんです。

2019年3月21日、引退会見で、これからについて問われた際のセリフ。
「楽しくやっていると思うんですけど」とも言った。

# 65

今日は、みなさんの質問に、
とことんお付き合いしようと思ったんですけどね。
もう、お腹が減ってきちゃった。

2019年3月21日、引退会見の途中で、ひと息つくように話した言葉。この時点で、夜中の1時を過ぎていた。

# 66

小学生の頃の自分に伝えるなら、
「おまえ、契約金1億円もらえないよ」と。
夢は大きくとは言いますけど、
卒業文集に書いた
「ドラフト1位で契約金1億円」には、
遠く及ばなかったですよ。
ある意味では、挫折ですよね。

2019年3月21日、引退会見終盤での言葉。「こんな終わりでいいのかな。何かキュッとしたいね、最後は」とも言った。

67

# 孤独感は、現在はまったくありません。

同引退会見終盤での、孤独感があるかを問われた際の言葉。「メジャーリーグに来て、アメリカでは外国人という存在になったことで、人の心を慮ったり、痛みがわかったり、今までになかった自分が現れたんです」とも言った。

# 68

体験をしないと、自分の中から何も生まれません。
だから、体験は、未来の自分にとって
大きな支えになるんだよ、と今は思います。

2019年3月21日、引退会見終盤での、体験にまつわる言葉。「孤独を感じて苦しんだことは、多々ありました」とも言った。

69

つらいこと、しんどいことから
「逃げ出したい」と思うことは当然ですけど、
元気な時、エネルギーのある時にそれに向かっていくのは、
大事なことだと思います。

2019年3月21日、引退会見終盤での言葉。この後、「最後が、これで締まったね。みなさんも眠いでしょう。そろそろ帰りますか」と言って引退会見は午前1時20分頃に終わった。

# 第2章

# 諦めず、立ち向かい続ける

## ――思いを貫く

イチローさんの言葉を追っていると「他の人ではなく自分自身はどう思ったか」を大切にし続けているとわかります。2014年のキャンプに入った初日の会見では「やっぱり、ドキドキします。ざわざわするし」と言っていました。それに対して、ベテランなのだから、慣れているのではという質問が入ると、「第三者が想像する感覚と、ぼく自身の感覚には、大きく温度差があるような気がします。第三者の客観的な目っていうのは、それをぶつけられても困っちゃいますね」と答えていました。本章では、それだけ自らの視点を基準にして状況に立ち向かい、挑戦し続けたプロセスが滲み出ている、戦っている最中の言葉を集めてみました。

# 70

熱中できるものを見つけられたら、
それに向かって、エネルギーを注げます。
それを、早く見つけてほしいです。

2018年12月23日、「イチロー杯争奪学童軟式野球大会」、閉会式での言葉。「それが見つかれば、立ちはだかる壁に向かっていけます。いろんなことにトライして、好きなものを見つけてほしいです」

# 71

プロ野球で、それなりに苦しんだ人じゃないとわからない、
これからは、そんな野球をやってみたいです。

2019年3月21日、引退会見にもかかわらず、これからやりたい野球について話しているからか、この後には、「……おかしいこと、言っています?」と自ら笑った。

# 72

諦めることについて？　きわどいところに来ますね。これはだめだな、言わないほうがいいと思いますが……。ややこしい言い方になりますけど、諦められないんです、いろんなことは。

2013年8月21日、ヤンキースタジアムで行われたブルージェイズ戦で、日米通算4000本安打を達成しての言葉。「諦められない自分がいることについては、諦めるということですかね。諦められない自分がずっとそこにいることは、しょうがないという感じで、諦めています」とも言った。

73

野球に関しては妥協ができないので、しませんけれど。
休みの日は、こっちの人はみんな休むじゃないですか。
そういうことができないんですね、ぼくは。

2013年8月21日、ヤンキースタジアムで行われたブルージェイズ戦で、日米通算4000本安打を達成しての言葉。「そういう自分がいることは、仕方のないことだ。そういう諦め方をしています」とも言った。

74

できると思ったことが、必ずできるとは限りません。
だけど、自分からできないと思ったら、絶対にできません。
可能性を、やる前から決めないでほしいです。

2018年12月23日、故郷・愛知県豊山町で毎年おこなっている「イチロー杯争奪学童軟式野球大会」の閉会式での言葉。

# 75

ぼくが走る時に、スピードが落ちてしまったなら、
あの人も時間が経ったんだな、ということになるとは思います。
でも、残念ながら、
ぼくのスピードは上がってしまっているので。

2016年8月7日、メジャー通算3000本安打を達成した際の、記者会見での言葉。「そういう中で、打つことだけが、能力が落ちるというのは考えにくい。そのように捉えています」とも言った。

# 76

今も、自分のことを、若くないとは言っていないですけどね。
まぁ、打撃の技術は、結果と一致していることもあるし、
していないことも多いんですが。

2016年8月7日、メジャー通算3000本安打を達成した際の、記者会見での言葉。「だって、しないから、こんなに時間がかかって、みなさんに経費を使わせてしまって」とも言った。

# 77

これを、「サッとやっている」という感覚だったら、今、ここにはいられないんじゃないですか？

2016年6月15日、日米通算安打数でピート・ローズの安打数を上回る4257安打を放った際の言葉。いくつもの記録を、淡々とクリアしているような気がする、と問われた際に。「そこの、人と自分との感覚のズレはありますかね」とも言っている。

78

実際に一緒にプレイをしていた選手たちと
また一緒に同じチームで可能性を探れる。
それは、楽しいことでしょう。

2018年4月30日の会見での言葉。マリナーズ会長付特別補佐に加えて、インストラクターに就任し、指導を始めるにあたってのひと言だった。「まずは、ぼく自身が体をつくらないと。できていないのでね。今日は、その第一歩です」とも言った。

# 79

明確な目標を持っていられるというのは、大きなことです。
まぁ、なくても、ぼくは何かに向かっていくと思いますが。

2018年5月3日の会見での言葉。マリナーズ会長付特別補佐に就任する一方で、2019年にも現役でい続けられる可能性が残っていることについて。

# 80

チームがそんなスタンスでいてくれて、
こんな形を取ってくれたのは、
本当に信じられないことです。

2018年5月3日の会見での言葉。マリナーズ会長付特別補佐に就任する一方で、2019年にも現役でい続けられる可能性が残っていることについて。

# 81

この判断をしてくれたことに応えたい、
という思いが生まれるのは、当然じゃないですかね。
これからです。
新しいチャレンジであることには間違いありません。

2018年5月3日の会見での言葉。マリナーズ会長付特別補佐に就任する一方で、2019年にも現役でい続けられる可能性が残っていることについて。

## 82

# 心が動きました。
# なかなか、こういう気持ちになることはありません。

2018年3月28日、開幕前日であるこの日の練習中に、スコット・サービス監督から、開幕戦出場を告げられたことについての言葉。「ここまで我慢してくれて、最終的にこの判断をしてくれたことは、途中から入ってきて、ケガをして、という選手に対する扱いではないですからね」と、3月7日に契約してから仕上げまでの時間の少なさや、途中のケガなども経ている状況にも触れて感謝していた。

# 83

20歳の頃、仰木監督が、
そういう気持ちにさせてくれましたけど。
それに近い感覚がありますね。今回の判断は。
びっくりしました。

2018年3月28日に、開幕前日であるこの日の練習中に、スコット・サービス監督から、開幕戦出場を告げられたことについての言葉。

# 84

仰木監督に言われたんです。
「イチロー、何で下を向いているんだ？
2塁打打って、おまえはそれでいい。
勝ち負けの責任はオレが取るから、
選手は自分のことをちゃんとやれ」と。

2018年3月28日に、開幕前日であるこの日の練習中に、スコット・サービス監督から、開幕戦出場を告げられたことについての言葉の続き。「20歳の頃、福岡での試合の後、負けたので空気が真っ暗だったんですが、監督はそう言ったんです」とも言った。

## 85

その時、この人のために頑張りたいというか、
そんな思いが芽生えたんですよね。

2018年3月28日に、開幕前日であるこの日の練習中に、スコット・サービス監督から、開幕戦出場を告げられたことについての言葉の続き。ここでは、駆け出しの頃、「仰木彬監督のために頑張りたい」と思ったことを話している。その際の感覚が、サービス監督への感謝の気持ちに近いのだという。

# 86

チームのために頑張れというのではなく、
自分のために頑張れって、
なかなか言えることじゃないですよね。
しかも、これからという選手に対して。
それで、すごく心が動いた記憶が鮮明にあるんですね。

2018年3月28日に、開幕前日であるこの日の練習中に、スコット・サービス監督から、開幕戦出場を告げられたことについての言葉の続き。ここでは、駆け出しの頃、「仰木彬監督に対して、心が動いた記憶」を話している。その際の感覚が、サービス監督への感謝の気持ちに近いのだという。「もちろん、当時と今日とは違いますが、心が動いたという意味では、似ています」とも言った。

87

マリナーズでプレイすると決まってから、
2カ月ぐらいの時間ですけど、
この時間は、ぼくのアメリカでの18年間の中で、
最も幸せな2カ月だったと思います。

2018年5月3日、マリナーズ会長付特別補佐に就任し、「2018年のシーズン中はプレイすることがなくなったが、2019年以降にはマリナーズで現役続行の可能性がある」という状態になった際の、会見での言葉。「この日が来る時は、ぼくはやめる時だと思っていました。その覚悟はありました。ただ、こういう提案がチームからあったので」とも言った。

# 88

監督を始め、チームメイト……
これは、相性もありましたが、
大好きなチームメイトになりました。
もちろん、大好きなチームですし。

2018年5月3日、マリナーズ会長付特別補佐に就任し、「2018年のシーズン中はプレイすることがなくなったが、2019年以降にはマリナーズで現役続行の可能性がある」という状態になった際の、会見での言葉。「このチームが、この形を望んでいて、それがいちばん彼らの助けになるということであれば、喜んで受けようというのが、経緯です」とも、状況を説明した。

# 89

今日は、これが最後ではないということを
お伝えする日でもあります。
あらためて決意表明するのも、
おかしな感じかもしれませんけれども。

2018年5月3日、マリナーズ会長付特別補佐に就任し、「2018年のシーズン中はプレイすることがなくなったが、2019年以降にはマリナーズで現役続行の可能性がある」という状態になった際の、会見での言葉。「今年は、ゲームには出られない。ただ、来年の春にぼくが240パウンド（約108キロ）の体重になっていたら、終わりですよ。でも、その可能性は低いので、そうでなければ終わりではないと思います」とも言った。

# 90

メジャーリーグでプレイすることが決まった時には、
もう、自分のことしか考えられなかったです。

2018年3月7日、シアトル・マリナーズへの移籍を発表する会見での言葉。かつてを振り返って。「まず、結果を残さないと、この世界ではやっていけない。それは、当然のことですけど」と言った。

# 91

それから、17シーズンが過ぎて、
18年目になるわけです。
もちろん、自分ができるパフォーマンスも、
たくさんあります。

2018年3月7日、シアトル・マリナーズへの移籍を発表する会見での言葉。
「ぼく自身のために、やりたいこともあります」と言った。

## 92

いやいや、
ホームランは、まったく狙っていません。
そんなに甘いものではないということくらい、
わかっています。

2016年8月7日、メジャー通算3000本安打は三塁打で達成した。打った瞬間、高く上がったことについての言葉。「結果的には、三塁打で決めたのは、ポール・モリターとぼくということだったので、良かったなと思いました」とも言った。

# 93

3000本安打に、史上最高齢で辿り着いたことは、
ぼくにとっては大きなことではありません。
感覚としては、2年ぐらい遅いですよね。
ずいぶん時間がかかったな、という印象です。

2016年8月7日、メジャー通算3000本安打を達成した際の言葉。

# 94

とはいえ、（3000本安打に向けて）
途中で足踏みした時には、
人に会いたくない時間もたくさんありましたね。
誰にも会いたくない、喋りたくないという。

2016年8月7日、メジャー通算3000本安打を達成した際の言葉。「ぼくはこれまで自分の感情を、なるべく殺してプレイをしてきたつもりなんですけれども、なかなかそれもうまくいかず、という。苦しい時間でしたね」とも言った。

# 95

達成までの時間から解放されたことも、
大きなことですね。
ふだんそこにあった空気が、
何となく乱れていくのも感じていましたし。

2016年8月7日、メジャー通算3000本安打を達成した際の、記者会見での言葉。「明日からは、平穏な日々が戻ることを望んでいます」とも言った。

96

技術は毎年、
特に打つことに関しては変えることがあります。
それがうまくいくこともありますし、いかないこともある。
打撃って、すごく繊細な技術ですから。

2016年8月7日、メジャー通算3000本安打を達成した際の、記者会見での言葉。

# 97

走ることや投げることは、
わかりやすくはかることができます。
例えば、走ることは明らかに速くなっているとわかるので、
諦めることなどできません。

2016年8月7日、メジャー通算3000本安打を達成した際の、記者会見での言葉。

# 98

結果が良くなかったり、難しいゲームの後といぅのは、
気持ちを整理することが難しい状態もあります。
だから、いつも続けていることを
またその日にも続けることが、
ときどき、しんどいなぁと思うことがあります。

2013年8月21日、ヤンキースタジアムで行われたブルージェイズ戦で、日米通算4000本安打を達成しての言葉。「そこは、頑張りを見せるところでしょうね。それは自分で続けてきたつもりです」とも言った。

# 99

自分は、野球選手として、人間として、
成熟ができているかどうか。
前に進んでいるのかどうか。
そのことはいまだにわからないんです。

2013年8月21日、ヤンキースタジアムで行われたブルージェイズ戦で、日米通算4000本安打を達成しての言葉。「そうでありたいということを、信じてやり続けることしかできない」とも言った。

# 100

今までは、自分が成長しているとか、
前に進んだとかいうことを、
明確には感じることはできていないんです。

2013年8月21日、ヤンキースタジアムで行われたブルージェイズ戦で、日米通算4000本安打を達成しての言葉。「それが、これからも続いていくんでしょうけど」とも言った。

# 101

変化について？　どうでしょうね。
昔できたのに、今はできない、
というようなことは、見当たらないんです。

2013年8月21日、ヤンキースタジアムで行われたブルージェイズ戦で、日米通算4000本安打を達成しての言葉。「昔は考えなかったようなことを、考えるようになった。それはあると思います」とも言った。

# 102

年齢を重ねて、ネガティブなことが見つからないんですよ。
ちょっと白髪が増えましたけど、あとは、どうですかねぇ。

2013年8月21日、ヤンキースタジアムで行われたブルージェイズ戦で、日米通算4000本安打を達成しての言葉。「40歳になる年なんですけど、いろんなことを考えなければいけない。過去の自分と現在の自分を客観的に見てどうなのか、ということは大切なことだと思うんです」と言った後で。

103

疲れが取れづらくなったとか、疲れやすくなったとか、足が遅くなったとか、肩が弱くなったとか、今のところはないようです。

2013年8月21日、ヤンキースタジアムで行われたブルージェイズ戦で、日米通算4000本安打を達成しての言葉。「『ないようです』と言ったほうがいいですね。『ない』と言うと、またうっとうしいから」とも言った。

第3章

# 小さな満足を重ねて次へ、次へ

――積み重ねる

イチローさんは２０１６年のシーズンを終えた直後の記者会見で、次のような話をしました。「ピッチャーが嫌がっているのが見えることが多かったシーズンと言えるかもしれない。バッターとピッチャーの関係というのはおもしろいもので、自分が弱っていれば、見透かされてしまう。自信に溢れている時にも、伝わる。そんな中で、今年は相手の心の内が見えた気になる時間が、たくさんありました。気持ち良かったです」――そんなところにも気持ち良さを見出すイチローさんは、本章で「小さな満足は、たくさんしています」「達成感は、味わうほど前に進めると思っています」というモチベーションに関する考え方を話してくれています。

# 104

小さなことでも満足感を味わう。
満足することは、すごく大事なことだと思うんですよね。

2016年8月7日、メジャー通算3000本安打を達成した際の、記者会見での言葉。「だから、ぼくは今日のこの瞬間、とても満足ですし、それは味わうと、また次へのやる気、モチベーションが生まれてくる、とこれまでの経験から信じているので、これからもそうありたいと思っています」とも言った。

# 105

ぼくは3000本を、通過点なんて言っていないですよ。
ゴールとも言ってないけれども。

2016年8月7日、メジャー通算3000本安打を達成した際の、記者会見での言葉。

# 106

え、達成感って感じてしまうと前に進めないんですか？
そこが、ぼくには疑問です。
達成感とか満足感っていうのは、
ぼくは味わえば味わうほど前に進めると思っているので。

2016年8月7日、メジャー通算3000本安打を達成した際の、記者会見での言葉。「達成感をどう消化するのか」と訊ねられて。

# 107

次に、こういう状況が生まれるとしたら、
4000本しかないですからね。
そこまでは、なかなか、ですから。

2016年8月7日、メジャー通算3000本安打を達成した際の、記者会見での言葉。次の目標について。「まあ、でも、200本を5年やればね、なっちゃいますからね。どうですかね」とも言った。

# 108

3000本と言うと、
ホール・オブ・フェイム（野球殿堂）と繋げて
語られることが多いですね。
でも、ぼくには、将来そんな、
いつになるかわからないことよりも、
明日の試合に出たいっていうことのほうが大事です。

2016年8月7日、メジャー通算3000本安打を達成した際の、記者会見での
「殿堂入り」にまつわる言葉。

# 109

途中で手を抜くと、自分自身で可能性を潰してしまう。
だから、小さなことを重ねていってほしいです。

2013年12月23日、故郷・愛知県豊山町で毎年おこなっている「イチロー杯争奪学童軟式野球大会」の閉会式での言葉。「今年は、とても苦しいシーズンでした。いい結果ばかりに目が行きがちですが、倍以上の失敗があります。負けて抱いた悔しい思いが、今のぼくを支えているんです。強くて、人の心の痛みがわかる、優しい大人になってほしいです」とも言った。

# 110

自分の限界って自分でわかるよね。
その時に、自分の中でもう少しだけ頑張ってみる。
そういうことを重ねていってほしいなと思います。

2016年12月23日、故郷・愛知県豊山町で毎年おこなっている「イチロー杯争奪学童軟式野球大会」の閉会式での言葉。「人の2倍とか3倍とか頑張るって、できないよね。みんなも頑張っているからわかると思うんだけど。頑張るとしたら、自分の限界まででしょう?」とも言った。

# 111

自分の中で、ちょっと頑張る。
それを続けていくと、
将来、思ってもいなかった自分になっている。
ぼくはそう思っています。

2016年12月23日、故郷・愛知県豊山町で毎年おこなっている「イチロー杯争奪学童軟式野球大会」の閉会式での言葉。

# 112

実際、ぼくだってメジャーリーガーに
なれるなんて思っていなかった。
アメリカで３０００本打つなんてことも、
想像すらできなかった。でも、今言ったように、
自分の中で、ちょっとだけ頑張り続けてきました。

2016年12月23日、故郷・愛知県豊山町で毎年おこなっている「イチロー杯争奪学童軟式野球大会」の閉会式での言葉。「それを重ねてきたことで、今現在の自分になれたと実感しているので、今日はそんな言葉をみんなに伝えたいと思いました」とも言った。

113

ぼくは、我慢ができないんですね。
我慢が苦手で、ラクなものを重ねているイメージなんです。

2019年3月21日、引退会見での言葉。何に我慢しているか、を訊かれて。
「我慢の感覚がないんですけど」とも言った。

114

とにかく体を動かしたいので、
体を動かすことは我慢したかもしれません。

2019年3月21日、引退会見での言葉。何に我慢しているか、を訊かれて。
「自分にとってストレスがないように行動してきました」とも言った。

# 115

今、44歳でアスリートとして、
この先どうなっていくのか、そこを見てみたいです。

2018年5月3日、シアトル・マリナーズの会長付特別補佐に就任し、2018年シーズンの試合からは離れた際の言葉。「試合ではプレイしなかったとしても、毎日、鍛錬を重ねていくことでどうなれるのか、ということを見てみたい。そういう興味が大きいので、そこは変わらないと思うんです」とも言った。

116

もちろんです。
言うまでもないです。
それは、ずっと変わっていないです。

2018年9月30日の言葉。シアトルで、2018年の最終戦であるレンジャーズ戦を終えた後、2019年の現役続行について訊かれた際に。

## 117

できることは全部やったので、そこそこ疲れています。
1日、帰る時にはもうくたくたで、
というのは、それが毎日の目標でしたから、
それだけを見れば、
目標を完遂したということになるでしょうね。



2018年9月30日、年間のシーズンを終えての、試合に出ていない間にどのように過ごしてきたのかを想像させる言葉。「ちょっと、休みたいかな」とも言った。

# 118

試合でプレイをしながら、
自分のやろうとしたことを続けていくことは、
難しいことではありません。
でも、試合に出られず、直接プレイに関わらない中でも、
自分のやろうとしたことは、続けられます。

2018年9月30日、年間のシーズンを終えての、試合に出ていないことをどう捉えてきたのかについての言葉。「このような挑戦は、これまでなかったことなので」とも言った。

# 119

できるとは、思っていました。
でも、ぼくはそれを結果としてできる、と
実感したというのが今の状態ですね。

2018年9月30日、年間のシーズンを終えての、シーズン中に試合に出ていない中でも準備を怠らなかったことについての言葉。試合に出ていない間にどのように過ごしてきたのかを想像させる。

# 120

やりきったシーズンなんか、
数えるほどしかないからね。
自分ができることは、いつもやりきる。
それは当然のことだけど。

2013年9月29日、この年のシーズンを終えた直後の言葉。「もう1周やりたい。もうワンラウンド。162試合。どんな説明よりも、『もうワンラウンド』ってことじゃない?」とも言った。

## 121

ここにゴールを設定したことはないので、
そんなに大きなことという感触はありません。

2016年6月15日、日米通算安打数でピート・ローズの安打数を上回る4257安打（その後、ギネス世界記録に認定された）を放った際の言葉。「それでも、チームメイトやファンの方から大きな反応をもらって、嬉しかったです。それがなかったら、何にもたいしたことはないです」とも言った。

# 122

ただバットを振る。
それだけで３０００本は、無理だと思います。
それなりに長い時間、数字を残そうと思えば、
当然、脳みそを使わなければいけない。

2016年8月7日、メジャー通算3000本安打を達成した際の、記者会見での言葉。「瞬間的に成果を出すことは、できる可能性はありますけれども」とも言った。

# 123

今回の話で言えば、
ピート・ローズが喜んでくれていれば、
ぜんぜん気持ちは違うんですよ。
でも、そうではないと聞いているので、
だから、ぼくもこの記録に興味がないというか。

2016年6月15日、日米通算安打数でピート・ローズの安打数を上回る4257安打を放った際の言葉。「年間200本安打とこれは、ぜんぜん比較できないですからね」とも言った。

# 124

これから先の安打の記録について、ですか？
出会わないとわからないことですから。
終わって初めてわかることですからね。

2016年6月15日、日米通算安打数でピート・ローズの安打数を上回る4257安打を放った際の言葉。

# 125

ぼくは、メディアからの情報を入れません。
ただ、「こう言っていた」という話を
近くの人に聞かされることがある。
その程度なので、
好きに言ってもらって構わないんです。

2016年6月15日、日米通算安打数でピート・ローズの安打数を上回った際の言葉。日米通算の記録にまつわる議論を、どう思うのかについての質問を受けて。

## 126

いや、それ、18歳の時に、
42歳までプレイしていることを
想像しているやつなんて
誰もいないと思いますけどね。

2016年6月15日、日米通算安打数で新記録をつくった際の言葉。今のような状態になることを、プロ入りする時に想像できていたか、という質問を受けて。

# 127

まあ、いろいろあります。
「そういう時期、あるよね」という感じに、今はなっています。

2016年6月15日、日米通算安打数でピート・ローズの安打数を上回る4257安打を放った際の言葉。「『いろいろ』というのは、たいへん便利な言葉で、ぼくも便利に使っていますけど。たいへんな時の要因って、ありますよ。ただ、今は、同じユニフォームを着た人に足を引っ張られないということが大きいですね。ほんとうにいい仲間だと思います」とも言った。

# 128

何かこう、苦労した感じが出ちゃったじゃないですか。
それがあっての今、という考え方もありますけれども。

2016年6月15日、日米通算安打数でピート・ローズの安打数を上回る4257安打を放った後に、会見で話したセリフ。「この3年間は、ちょっと足踏みですね。もっと早くできているもんね。時間がかかり過ぎてしまった」とも言った。

# 129

苦労しているところなんて、見せたくないでしょう。
見せたい人なんているんですか?
まぁ、自分で「雑草」なんて言う人は、
そう見せたい人かもしれませんが。

2016年6月15日、日米通算安打数でピート・ローズの安打数を上回る4257安打を放った際の言葉。「上原(浩治)や、野村(克也)さん以外に、誰かいます……?」とも言った。

# 130

苦労した、とは、ぼくは言っていないですよ。

2016年6月15日、日米通算安打数でピート・ローズの安打数を上回る4257安打を放った際の言葉。「苦労しているように見えてしまった、というだけです」とも言った。

131

やっぱり、記録と向き合った人にしか
わからない気持ちもあるんです。

2016年6月15日、日米通算安打数でピート・ローズの安打数を上回る4257安打を放った際の言葉。バリー・ボンズ打撃コーチが、イチローの安打のたびにボールを回収していたことを指摘されて。

# 132

準備を重ねるのは、当たり前のことですよね。
そこにフォーカスがいくこと自体がおかしいと思いますけど。

2013年8月21日、ヤンキースタジアムで行われたブルージェイズ戦で、日米通算4000本安打を達成しての、準備についての言葉。「そこが特別にフォーカスされるなら、準備をあまりにもしていないということじゃないですか」とも言った。

# 133

これからも失敗をいっぱい重ねて、
たまにうまくいってという
繰り返しだと思うんですよね。

2013年8月21日、ヤンキースタジアムで行われたブルージェイズ戦で、日米通算4000本安打を達成しての、失敗についての言葉。「バッティングとは何か、野球とは何か、とほんの少しでも知ることができるというのは、うまくいかなかった時間とどう対峙するかによると思いますので」とも言った。

# 134

これまで、自分をプッシュしてきたわけではありません。
毎日、同じことを繰り返す。
自分を安定した状態に持って行くテクニックは
持っていると思います。

2013年8月21日、ヤンキースタジアムで行われたブルージェイズ戦で、日米通算4000本安打を達成しての、技術についての言葉。「同じことを繰り返すと言っても、厳密に言うとすべて同じではないんですけれども」とも言った。

# 135

そのつどの時点で自分のできることや、
考えられることをやっておきたい、ということです。

2013年8月21日、ヤンキースタジアムで行われたブルージェイズ戦で、日米通算4000本安打を達成しての、全体的な姿勢についての言葉。「それでも、結果的に不安定な状態になることはもちろんあります。その割合が多いとはいわないですよ、ときどきそういうことがある、ということです」とも言った。

## 136

ぼくに、満足はない？　いえいえ。
ぼく、いっぱい満足してきましたよ。
今日だって、ものすごく満足していますし。

2013年8月21日、ヤンキースタジアムで行われたブルージェイズ戦で、日米通算4000本安打を達成しての、満足についての言葉。

# 137

いや、満足って、たくさん重ねていかないと
僕はだめだと思うんですよね。
満足したらそこで終わりだというのは、
とても弱い人の発想です。

2013年8月21日、ヤンキースタジアムで行われたブルージェイズ戦で、日米通算4000本安打を達成しての、満足感を問われた際の言葉。

# 138

ぼくは、満足をしないと次が生まれないと思っています。
ものすごく小さなことでも満足するし、
達成感も、時には感じるし。
それを感じることによって、次が生まれてくるんですよね。

2013年8月21日、ヤンキースタジアムで行われたブルージェイズ戦で、日米通算4000本安打を達成しての、満足についての言葉。

# 139

意図的に、こんなことで満足しちゃいけない、
まだまだだと言い聞かせている人は、しんどいでしょうね。
じゃあ、何を目標にすればいいんですか?
嬉しかったら、喜べばいい、
というのが僕の考え方ですけどね。

2013年8月21日、ヤンキースタジアムで行われたブルージェイズ戦で、日米通算4000本安打を達成しての、満足感にまつわるセリフ。

# 140

今年は、メジャーリーグで
３０００本を達成することができました。
こういうことがあると、
イチローは人の２倍も３倍も頑張っているからだ、
という人が出てきます。
でも、そんなことは、まったくありません。

2016年12月23日、故郷・愛知県豊山町で毎年おこなっている「イチロー杯争奪学童軟式野球大会」の閉会式での言葉。「今年のぼくが、みんなにかけてあげられる言葉を、少し探してみました」とも言った。

# 第4章

# 耐え抜く力

## ——悔しい思いに向き合う

2014年のシーズン初戦に出場できなかった際、試合後の会見でイチローさんは「めっさ、くやすぃーです」と言いました。「これ、『すぃー』が『しー』に変わるとマジになりますからね。それは、重くなってしまいます」とも。その後、シーズン第3戦で初出場した後の記者会見では、「レギュラーでない人にとって、（シーズン直後を）準備期間と捉えることは難しいんです。本来、ぼくは4月はその期間と考えていますが、今はそういう立場ではないので、4月の段階でギアが入っている状態にしておかなければいけません。それは、これまでなかったことです。そう言えば、ぼくの気持ちはわかるでしょう」と言いました。本章ではそんな、耐久戦の中で現実を受けとめて考えた、とでもいう言葉の数々を集めました。

141

自分なりに、常に、
悔しい思いと向き合ってきた実感があるので、
誇れるとしたら、そこじゃないかと思います。

2013年8月21日、ヤンキースタジアムで行われたブルージェイズ戦で、日米通算4000本安打を達成しての言葉。

# 142

どの世界でも同じなのではないかと想像するんですが、記憶に残っているのは、うまくいったことではなくて、うまくいかなかったことなんです。

2013年8月21日、ヤンキースタジアムで行われたブルージェイズ戦で、日米通算4000本安打を達成しての言葉。「その記憶が強く残るから、ストレスが出てくるわけで」とも言った。

# 143

誇れることがあるとすると、
4000のヒットを打つには、
ぼくの場合、8000回以上は
悔しい思いをしてきているんですよね。

2013年8月21日、ヤンキースタジアムで行われたブルージェイズ戦で、日米通算4000本安打を達成しての、悔しさについての言葉。「これまでもこういう記録、2000本とか3000本とかあったんですが、こういう時に思うのは『いい結果を生んできたと誇れる自分』というわけではないんです」とも言った。

# 144

4000本を打つには、3999本が必要なわけで、
ぼくにとっては、4000本目のヒットも、
それ以外のヒットも、
同じように大切なものだと言えます。

2013年8月21日、ヤンキースタジアムで行われたブルージェイズ戦で、日米通算4000本安打を達成しての、凡打についての言葉。

# 145

今のこの状況が、信じられません。

2019年3月21日、引退会見での言葉。「昨年の3月の頭に、マリナーズからオファーをいただいて、今日までの流れがあるんです。昨年の春に（選手生活が）終わっても、まったくおかしくない状況でしたから」とも言った。

# 146

寒い時期に練習していたので、へこむんですよね。
心が折れるんですよ。

2019年3月21日、引退会見での言葉。2018年の3月にマリナーズからオファーされるまで、神戸にいた時の気持ちについて。「でも、仲間に支えられて、最後は山で、自分なりに訓練を重ねてきた神戸で、ひっそりと終わるかな、と想像していたので。だから、今のような状態は、これは、夢ですよ」とも言った。

# 147

1打席、1打席、立つことは、簡単ではありません。疲れました。

2019年3月21日、引退会見で最後の試合に臨んだ気持ちを訊ねられての言葉。「やっぱり、1本ヒットを打ちたかったですし」

# 148

ぼくには感情がないと思っている人がいるようですけど、
意外に、あるんですよ？

2019年3月21日、引退会見で最後の試合に臨んだ気持ちを訊ねられての言葉。「結果を残して最後を迎えられたら、良かったんですけど」とも言った。

# 149

ぼくには、子どもの頃から、
人に笑われてきたことを達成して黙らせてきた、
という自負があります。

2016年6月15日、日米通算安打数でピート・ローズの安打数を上回る4257安打を放った際の言葉。「小学生の頃には、野球を毎日練習して、近所の人から『あいつ、プロ野球選手にでもなるのか？』と、いつも、笑われていました」とも言った。

150

悔しい思いもしたけど、プロ野球選手になりました。
日本で首位打者にもなりました。
メジャーに行く時に、アメリカでも首位打者になってみたい。
そう言った時にも、笑われました。

2016年6月15日、日米通算安打数でピート・ローズの安打数を上回る4257安打を放った際の、悔しさについての言葉。「でも、その笑われたことも、2回達成できました」とも言った。

# 151

ぼくの中には、常に人に笑われてきた
悔しい歴史があるので、
これからも、それをクリアしていきたいと思います。

2016年6月15日、日米通算安打数でピート・ローズの安打数を上回る4257安打を放った際の、悔しさにまつわるセリフ。

# 152

引退というよりも、
クビになるのではないか、という感覚はありました。
毎日、そんな感じでしたね。

2019年3月21日、引退会見での、引退をどう意識してきたのかについての言葉。「（ヤンキースのある）ニューヨークは、特殊な場所です。（マーリンズのある）マイアミも、特殊な場所です。毎日、そんなメンタリティで過ごしていたんです」とも言った。

## 153

当たり前ですが、
クビになる時は、突然だろうと思っていたんです。
（マリナーズに復帰してからは）
マリナーズ以外のチームに行くという
気持ちがなかったことは大きかったですよね。

2019年3月21日、引退会見での言葉。「昨年、マリナーズに戻れて、ほんとうに嬉しかったですし」とも言った。

# 154

その後、5月にゲームに出られなくなる。
あの時も、そのタイミングで引退でも、
おかしくないわけですよね。

2019年3月21日、引退会見での言葉。2018年にマリナーズに復帰した後のことについて。「でも、この春に向けて選手としての可能性がある、と伝えられていました。それで、自分が頑張って来られたと思うんです」

# 155

いろんなことを経験しました。
この5年半で、いろいろなことに耐える能力が、
明らかに強くなったと感じています。

2018年3月7日、シアトル・マリナーズでプレイすることが決まった際の記者会見にて。「選手としての能力に関しては、今はそれが数字でわかる時代なので、みなさんのほうが、よくご存知だと思いますが、『耐える』という点では、明らかに5年半前とは違うと言えるでしょう」とも言った。

# 156

以前、マリナーズでプレイしていた時には、
必ず、ラインナップに名前がありました。
そこで自分のルーティンを守ることは、簡単と言うか、
難しくはなかったんですけど。

2018年3月7日、マリナーズでプレイすることが決まった会見での言葉。

# 157

見えないものといつも戦っている。
そんな状態だったんです。
いつしか、それにも自分が
対応できるようになっていきました。

2018年3月7日、マリナーズでプレイすることが決まった会見での言葉。マリナーズ以外で過ごした5年半について。「球場に行かないと、その日にプレイするかどうかはわからない。それに慣れてきた頃に、自分はこういう状況で行くんだな、と何となくつかめるようになったんですけれども」とも言った。

158

自分が代打で出た直後、左ピッチャーが来た時には、
「代打の代打」で代えられることもありました。
そんな悔しい思いも経験した5年半だったので、
いろんなことに耐えられるんじゃないかと思っています。

2018年3月7日、マリナーズでプレイすることが決まった会見での言葉。「代打の代打は、それまでには経験しなかったことでしたから」とも言った。

## 159

契約が決まる3月まで待っている間、
心配してくれる声はたくさん聞いたんです。
でも、ぼく自身の状態としては、
泰然とした状態であったと思います。

2018年3月7日、マリナーズでプレイすることが決まった会見での言葉。
「なぜ、泰然としていられたのかは、わからないんですけど」とも言った。

# 160

「泰然」という状態は、
自分がプレイヤーとしても人間としても、
常にそうありたかったんです。
目指すべき状態ではあったので、
そういう自分に出会えたことは、
とても嬉しかったです。

2018年3月7日、マリナーズでプレイすることが決まった会見での言葉。
待っている間の心理状態について。

# 161

どうして野球を好きでいられるか？
そんなこと、ぼくに訊かれても困っちゃうなあ。
どうでしょう。
うまくいかないことが多いからじゃないですか？

2016年8月7日、メジャー通算3000本安打を達成した際の、記者会見での言葉。

# 162

これがもしも、
成功率が七割を越えなくてはならない競技だったら、
つらいと思いますけどね。
打つことに関しては、三割で良しとされる世界なので。

2016年8月7日、メジャー通算3000本安打を達成した際の、記者会見での、野球というスポーツについての言葉。

# 163

「代打」という点じゃないですか？
それは、しんどいですよ。
ただでさえ、代打ってしんどいですからね。
3000本安打に向けて、
代打で結果が出ないのは、ダメージが大きいですよ。

2016年8月7日、メジャー通算3000本安打を達成した際の、記者会見での、代打についての言葉。3000本安打まで苦しんだ点があったとしたら、それは何かと訊ねられて。

## 164

代打で結果が出ないと、重いですね。
それなりにぼくも、切ったら赤い血が流れますから。
感情も、もちろんあるし、しんどいですよ。

2016年8月7日、メジャー通算3000本安打を達成した際の、記者会見での、感情についての言葉。「代打で結果が出ない際には、精神的にダメージが倍増するか」と訊かれて。

# 165

そもそも、毎日先発で出て結果が出ないことと、
代打で1打席ずつ結果が出ないこととは、
同じ10日間でも意味が違います。

2016年8月7日、メジャー通算3000本安打を達成した際の、記者会見での、結果についての言葉。「だから、代打が多い中では、実はこれぐらいのことはあるよね、という感じだったんです、ぼくの中では」とも言った。

# 166

まぁ、当然、しんどいんですけど。
ふだんとは違う精神状態に追い込まれて……
それは、勝手に自分で追い込むんですが。
追い込んだ中で結果を出すことが難しいのは、
わかっていますから。

2016年8月7日、メジャー通算3000本安打を達成した際の、記者会見での、しんどさについての言葉。

167

（記録前の足踏みというのは）当たり前のことが起きた。考えられる範囲のことが起きた、ということなんです。

2016年8月7日、メジャー通算3000本安打を達成した際の、記者会見での、足踏みについての言葉。「明日からの打席でどう思うのかは、わからないです」とも言った。

# 168

アマチュアで楽しく野球をやっていれば、
いいことばかり記憶に残ります。
でも、プロはストレスを抱える中で、
瞬間的に喜びが訪れる。
そして、はかなく消えていく、そういうものです。

2013年8月21日、ヤンキースタジアムで行われたブルージェイズ戦で、日米通算4000本安打を達成しての言葉。「それは、どの世界でも……ここにいる、いろんな方たちも、同じだと思うんです」とも言った。

# 169

もっと楽しい記憶が残ったらいいのになぁ、と
常に思っていますけど、そんなことは、
きっとないんだろうとも思います。

2013年8月21日、ヤンキースタジアムで行われたブルージェイズ戦で、日米通算4000本安打を達成しての、記憶についての言葉。「それが、プロの世界の醍醐味でもあると思うんですけど」とも言った。

# 170

うまくいかないことと向き合うことはしんどいですけど、
これからもそれを続けていくと思います。

2013年8月21日、ヤンキースタジアムで行われたブルージェイズ戦で、日米通算4000本安打を達成しての、うまくいかないことについての言葉。

# 171

ラインナップに自分の名前があった時には、
そこでスイッチが「入る」というより、
「入れる」という感覚になります。
まぁ、そういうなかなか難しい時間を過ごしています。
今日も、そうでした。

2013年8月21日、ヤンキースタジアムで行われたブルージェイズ戦で、日米通算4000本安打を達成しての、困難についての言葉。

# 172

自分の中では、
まだ体の変化を感じることが難しい状態です。
年齢に対する、ぼく以外の人たちの捉え方で
わずらわしいことは、たくさんあります。

2013年8月21日、ヤンキースタジアムで行われたブルージェイズ戦で、日米通算4000本安打を達成しての、年齢についての言葉。

# 173

35歳を越えてくると、
年齢についての質問がやたら増えてきました。
そういったくだらないことと戦うのは、
ぼくにとっては大きなストレスなのです。

2013年8月21日、ヤンキースタジアムで行われたブルージェイズ戦で、日米通算4000本安打を達成しての、「年齢に関わる質問を受けること」についての言葉。

# 174

ぼくが使っている野球の道具は、最高のものです。
何十年前の人たちと比べたら、
考えられないようなトレーニングもしています。

2013年8月21日、ヤンキースタジアムで行われたブルージェイズ戦で、日米通算4000本安打を達成しての、トレーニングについての言葉。「いろんなことが、前に進んでいるんです」と言った。

# 175

そういう環境で野球を続けているぼくが、
昔と同じ年齢のくくりで評価されるというのは、残念ですね。
ある年齢ではこうなっているだろう、
なっていてほしいという思いが垣間見えて、
嫌な気持ちになるんです。

2013年8月21日、ヤンキースタジアムで行われたブルージェイズ戦で、日米通算4000本安打を達成しての、固定観念についての言葉。

# 176

年齢の偏見を取り除くことは、
先輩たちがやってくれなかったので、
そういうきっかけをつくることは、
下の世代の大きな使命であると思っています。

2013年8月21日、ヤンキースタジアムで行われたブルージェイズ戦で、日米通算4000本安打を達成しての言葉。

# 177

今年のぼくが、みんなに何を伝えられるかというと、
「我慢」ということではないかなと思いました。
大人になると、「我慢」の連続です。
自分の気持ちを抑えて未来へ向かっていく。
これしか方法がないと言ってもいい。

2013年12月23日、故郷・愛知県豊山町で毎年おこなっている「イチロー杯争奪学童軟式野球大会」の閉会式での言葉。

# 178

今年の自分のシーズンを振り返った時には、
まっさきに「我慢」が頭に思い浮かびました。
ヒットを打つ、ホームランを打つ、三振する。
喜びや悔しさというのは誰でも出てくるでしょう。
そこを、相手への敬意も含めて「我慢」する。
自分の思いを内に秘める。大事なことだと思うんです。

2013年12月23日、故郷・愛知県豊山町で毎年おこなっている「イチロー杯争奪学童軟式野球大会」の閉会式での言葉。

# 第5章

# 数字がすべてではない

## ――記録以上のもの

２０１５年に、マーリンズの同僚でイチローさんを慕うディー・ゴードン選手が、シーズン最終戦で逆転して首位打者になりました。数字の結果も出したのですが、試合後、フォックス・スポーツの映像でのインタビューに答えて、イチローさんは次のように言っています。「みんな最終戦でリラックスしていた。でも、彼は、本人にしかわからないプレッシャーの中で緊張しながらも結果を出した。まず、公式戦にすべて出て結果も出したことは、彼にとってはかりしれない経験だと思います」――ここで「プレッシャー」「出場試合数」などにも注目しているように、数字だけではない要素を重視しているのです。本章では、そんな言葉を集めています。

# 179

数字は、もちろん大切なものです。
それがなくては、現役を続けていくことはできません。
ただ、それがすべてではないことは、
はっきり言えると思います。

2015年1月29日、マーリンズへの移籍を発表する会見での言葉。メジャー通算3000本安打が近づいていることを質問されて。

# 180

勝つことや、節目の数字をクリアすることは、
とても大事なことではあります。
しかし、その目標があるからという理由だけで
プレイを続けるわけではありません。

2015年1月29日、マーリンズへの移籍を発表する会見での言葉。メジャー通算3000本安打が近づいていることを質問されて。

181

人は、そういったわかりやすい数字、
目標を求める傾向があると感じています。
それは、自由であっていいと思います。

2015年1月29日、マーリンズへの移籍を発表する会見での言葉。メジャー通算3000本安打が近づいていることを質問されて。

182

数字で物事を捉える傾向を抑えることは難しいですし、人がどう思うのかは自由であっていいと思います。でも、ぼく自身は「それがすべてではない」というスタンスでいます。

2015年1月29日、マーリンズへの移籍を発表する会見での言葉。「人の口に戸はたてられず、という言葉があるように、現代では、いろんな情報が視覚化されて入ってきます」と言った後に。

# 183

王監督の記録は、誰にとっても特別だけど、
ぼくにとってもそうです。
王監督の記録だけが、特別と言えるかもしれません。

2017年9月6日、日米通算5863塁打にあたる安打を放った際の言葉。「監督の記録が特別なのは、監督が特別な人だからです」とも言った。

## 184

あんなふうに、チームメイトや
ファンの人たちが祝福してくれるとは、
まったく想像していなかったんです。
４０００という数字よりも、
そのことが、深く刻まれました。

2013年8月21日、ヤンキースタジアムで行われたブルージェイズ戦で、日米通算4000本安打を達成しての言葉。「こういうキリの良い数字というのは1000回に1回しか来ないので、これを4回重ねられたというのは」と喜んだ後に。

## 185

結局、４０００という数字が
特別なものをつくるのではなくて、
自分以外の人たちが、特別な瞬間を
つくってくれるものなのだと、
強く思いました。

2013年8月21日、ヤンキースタジアムで行われたブルージェイズ戦で、日米通算4000本安打を達成しての言葉。

## 186

みんながダグアウトから出てきた時には、
ちょっと、やめてほしいと思いましたね。
嬉しすぎて。

2013年8月21日、ヤンキースタジアムで行われたブルージェイズ戦で、日米通算4000本安打を達成しての言葉。「ぼくのためにゲームを止めて、ぼくだけのために時間をつくってくれるという行為は、想像できるわけがないです。ヤンキースタジアムで。……ただただ、感激しました」とも言った。

# 187

ヤンキースのユニフォームを着ていると、
数字のことなどは、どうでもよくなるんですよ。
ヤンキースの一員になれているかどうか。
数字よりも、そういうことのほうが、
ぼくにとっては大事なんですよね。

2013年8月21日、ヤンキースタジアムで行われたブルージェイズ戦で、日米通算4000本安打を達成しての言葉。「ジーターがショートにいて、マリアノ(・リベラ)が最後を締める。そこに自分がライト、まぁセンターの時もあるかもしれないですけど、そこに入った時に、スタンドから見て、全体の絵として綺麗に収まるかどうか、というのがぼくにとっては大事であって」とも言った。

# 188

いずれまた、
このユニフォームを着てプレイしたい気持ちが、
心のどこかにありましたが、
それを、自分から表現することは
できませんでした。

2018年3月7日、シアトル・マリナーズでプレイすることが決まった際の記者会見にて。「5年半前のこと（マリナーズから離れたこと）が常に頭にあったからです。戻ってきてくれ、という言葉は、ぼくの周りではたくさん聞きましたが、それをぼくは、聞き流すことしかできなかったんですね」とも言った。

# 189

こういう形で、また、このシアトルのユニフォームを着てプレイする機会をいただいたことで、メジャーリーグで最初にプレイすることが決まった時とは、まったく違う感情が生まれました。とてもハッピーです。

2018年3月7日、シアトル・マリナーズでプレイすることが決まった際の記者会見にて。

# 190

この5年半の間、シアトルは、
自分にとっては近いはずなのに、
すごく遠く感じる存在になっていた。
それまで、当たり前のようにあったものは、
実は、特別な存在であったということを、
この5年半で感じています。

2018年3月7日、シアトル・マリナーズでプレイすることが決まった際の記者会見にて。「飛行機から見えるシアトルの街だったり、セーフコ・フィールドだったり、それらが、この5年半は、ぼくにはホームなのにホームではない存在になっていました」とも言った。

# 191

ダライ・ラマって言ったの？
じゃあ、何か、ぼく用の袈裟でも用意しますか。

2018年5月3日、マリナーズ会長付特別補佐に就任するにあたり、ジェリー・ディポトGMが「若手が教えを請う、ダライ・ラマのような存在」と言っていたことについて問われて。

192

# 調子どうよ、兄弟?

2015年からマイアミ・マーリンズ、シアトル・マリナーズと続けての同僚となり、2015年には首位打者にもなったディー・ゴードンに、イチローが初めてかけた言葉とされている。ゴードンは「スターが俗語を使って親しみを示してくれて、嬉しくてたまらなかった」という意味の談話を、いくつかの取材で残している。

# 193

## 考えすぎず、ただシンプルにバットを振り抜け。

2015年に首位打者になったディー・ゴードンは、好調を「イチローのおかげ」と言った。どんなアドバイスを受けたのかと訊かれた際に、思い出した言葉がこちら。ゴードンは、イチローにプレゼントされた「湿気を取り除けて、バットの重さを常に一定に保てる」（ゴードン談）バットケースを使っていた。

# 194

## 自分の若い頃を見ているようだ。

2015年に首位打者になったディー・ゴードンは、イチローにこう言われて嬉しかったのだという。2019年3月21の日本での試合にも、マリナーズの同僚として共に試合に出たゴードンは、その後、3月28日にシアトル・タイムズに「イチロー、今日まで最も好きな選手であってくれてありがとう」「周りは誰もが大柄で本塁打を打っているように見えたけれど、あなたは信念を貫き、自分の仕事、自分のプロセス、そして何よりも重要な自分の文化を守り抜いた」と全面広告でメッセージを発信している。

# 195

契約発表の機会を日本で実現できるということは、
通常、ありえないことだと認識しています。
ただただ、恐縮するばかりです。

2015年1月29日、東京都内でマイアミ・マーリンズの関係者も同席しての、移籍発表会見での言葉。「こういう会見は、2000年以来になりますが、みなさんにどう料理されるのかという大いなる不安と、みなさんがどううまく料理してくれるのかという大いなる期待が混在しています」とも言った。

# 196

まず、マーリンズという球団の、
やたらに熱い思いが伝わってきました。
この思いに応えたいという気持ちが、
昨日、実際に顔を合わせて話して、
大きく湧いてきました。

2015年1月29日、東京都内でマイアミ・マーリンズの関係者も同席しての、移籍発表会見での言葉。

# 197

選手として必要としてもらえること。
これが、ぼくにとっては何よりも大切なもので、
大きな原動力になると思います。

2015年1月29日、マーリンズへの移籍を発表する会見での言葉。「ぼくがこの2年間に欲していたものは、これだったんじゃないかな、と思いました」とも言った。

# 198

今は、球団の思いに応えるための
準備をしっかりする時期です。
そして、この会見をいかに穏やかに終わらせられるか。
これに集中しています。

2015年1月29日、マーリンズへの移籍を発表する会見での言葉。

# 199

ただ、アメリカに初めて来た当時と違うのは、
今、マリナーズが必要としていて、
ぼくが力になれることがあれば、
もう、何でもやりたいという、そういう気持ちですね。

2018年3月7日、シアトル・マリナーズへの移籍を発表する会見での言葉。

# 200

ぼくが今まで、
つちかってきたすべてを、チームに捧げたい。
そういう覚悟です。

2018年3月7日、シアトル・マリナーズへの移籍を発表する会見での言葉。

## 201

ベーブ・ルースは、
アメリカにおける野球の象徴。
神様のような存在です。
ぼくなどと比較なんてとんでもない……

2015年5月22日、ベーブ・ルースの2873安打を抜き、メジャー通算2874安打を達成した後の言葉。

# 202

セントルイスのファンは、野球をよく知っています。
日米通算の記録なので、
アメリカ人としては気に食わないところもあるはずです。
でも、敵地であるセントルイスのファンが
大きな拍手をしてくれたことには、ジーンと来ます。

2015年8月15日、日米通算4193安打を放ち、タイ・カッブの記録を抜いた際の言葉。

# 203

びっくりしたなぁ。
ファンもすごいけど、
何か、打ち合わせできているような
感じの動きでしたもんね。
感激しましたね。

2016年7月15日、セントルイスでのカージナルス戦。8回1死で代打に出て、中前安打を放ったが、打席に入った途端、セントルイスの観客が大きな拍手を贈った。ここで言う「動き」とは、カージナルスのヤディアー・モリーナ捕手もなかなか座らず、ファンに長く拍手を与える時間を取ったこと。モリーナは試合後、この行為について「ぼくたちは戦っているわけだが、時にはあのような形で相手選手に敬意を払わなければならない。イチローは、敵味方を超越しているし、それに値する選手だ」と言った。

# 204

達成した瞬間、
チームメイトもファンの人たちも、
あんなに喜んでくれました。
今のぼくには「喜んでくれること」が
何よりも大事なんだと、
再認識した瞬間でした。

2016年8月7日、メジャー通算3000本安打を達成した際の言葉。「ぼくにとっては、3000という数字よりも、ぼくが何かをすることで、ぼく以外の人たちが喜んでくれることが、ほんとうに嬉しい」とも言った。

# 205

セントルイスでの球場の雰囲気、
ファンの人たちが特別な空気を
つくってくれて迎えてくれたところから、
3000本安打に向けては、
はじまったんですけれども。

2016年8月7日、メジャー通算3000本安打を達成した際の言葉。達成するよりも9本も前の段階で、敵地セントルイスで受けた大きな感激が、忘れられなかったという。

# 206

これだけ長い時間、
特別な時間をぼくにプレゼントしてくれた、
というふうに考えれば、
なかなかすぐに決められなかったことも
良かったな、と思います。

2016年8月7日、メジャー通算3000本安打を達成した際の言葉。

## 207

まぁ、脳みそを使いすぎて疲れたり、
考えていない人にあっさりやられることも、
たくさんあるんですけど。
でも、自分なりに説明をできる
プレイをしたいというのは、
ぼくの根底にありますから。

2016年8月7日、メジャー通算3000本安打を達成した際の、記者会見での言葉。「観ている人に、それを感じていただけるなら、とても幸せですね」とも言った。

# 208

ファンへの感謝を伝えること、
それはありきたりになってしまいますよね。
これだけ長い時間、
いろんな場所から集まってくれて、
そんなことは、今さら言うまでもないです。

2016年8月7日、メジャー通算3000本安打を達成した際の、記者会見での、ファンについての言葉。「でも、3000本を打って思い出したことは、このきっかけをつくってくれた仰木監督のことです。神戸で2000年の秋に、お酒の力を使って、ぼくが口説いたんです。その仰木監督の決断がなければ、何も始まらなかったので、そのことは頭に浮かびました」とも言った。

# 209

これは、ファンや報道陣のみなさんもそうですけど、
これだけたくさんの人に多くの経費を使っていただいて、
ここまで引っ張ってしまったわけですから、
達成まで時間がかかって、
ほんとうに申し訳なく思っています。

2016年8月7日、メジャー通算3000本安打を達成した際の、記者会見での言葉。ちなみに、この3000本安打の際にも大いに祝福していた和田アキ子氏は、日米通算4000本安打達成の現場（2013年8月21日）に立ち会っている。それについてイチローさんはその日の記者会見で「こんなタイミングで来られるなんて、スターなんですよ、アッコさんは。この日を狙ってこられないですから。すごい」とも言っていた。

# 210

いい結果を出そうとすることを、
みなさんも当たり前のように
受け入れてくれている。
こんなことが特別に感じることは
おかしいと思うんですけど、
ぼくはそう感じました。

2016年8月7日、メジャー通算3000本安打を達成した際の、記者会見での、結果についての言葉。「途中、ガムシャラにヒットを打とうとすることがいけないんじゃないかと思って、混乱した時期があったんですよね」とも言った。

# 211

ダグアウトからチームメイトが
喜んでくれている姿が見えたので、
こちらは、軽く返したということだったんですけど。

2016年6月15日、日米通算安打数でピート・ローズの安打数を上回る4257安打を放った際の言葉。記録そのものよりも、チームメイトが喜んでくれたことに反応した、という話題。

# 212

ぼくは今、16年目なんですけど。
アメリカに来てから、
途中、チームメイトとの間では、
同じユニフォームを着ていても、
しんどいことは、たくさんあったんですね。

2016年6月15日、日米通算安打数でピート・ローズの安打数を上回る4257安打を放った際の、しんどさについての言葉。

# 213

昨年、このチームに来て、
今年メンバーが少し変わったんですけど、
チームメイトとしては最高とはっきり言える子たちですね。
もう、年齢差から言えば「子たち」です。
彼らには、ほんとうに感謝しています。

2016年6月15日、日米通算安打数でピート・ローズの安打数を上回る
4257安打を放った際の、チームメイトについての言葉。

# 214

通算安打数というのは、
日本とアメリカで合わせた
記録というところが、難しいですね。
いつか、アメリカでピート・ローズの記録を
抜く選手が出てきてほしい。
できればそれは、ジーターのような
人格者であることが理想です。

2016年6月15日、日米通算安打数でピート・ローズの安打数を上回る4257安打を放った際の、日米通算記録についての言葉。「もっと言えば、日本だけでピート・ローズの記録を抜くことが、おそらくいちばん難しいと思うので、これを誰かにやってほしい。とてつもなく難しいことですけど、それを見てみたいですよね」とも言った。

# 215

日米を合わせた記録とは言え、
生きている間に自分の記録が
抜かれるところを見られるんだから、
ピート・ローズが、ちょっと羨ましいですね。

2016年6月15日、日米通算安打数でピート・ローズの安打数を上回る4257安打を放った際の言葉。「ぼくも、自分の記録が抜かれるところを、見てみたいです」とも言った。

# 216

人生の幕を下ろした時にいただけるよう、励みます。

2019年4月5日、政府は、国民栄誉賞を打診したものの、こう辞退された、とイチローの意図を公表した。

第6章

# 野球研究者イチロー

——イチローの野球哲学

雑誌「プレジデント」２０１６年2月15日号で、イチローさんは、オリックス・バファローズの球団オーナーである宮内義彦さんと対談し、次のような意味の話をしています。合理的に考えすぎて、ムダが出ないような物事の進め方をしたら、求めているものに近づくことすらできず、深みも出ない。だから、いかにムダな時間を過ごすかを大事にしている、と。そんな考え方にも出ているし、自身でも、野球の研究者でいたいと言うように、野球とは何かを突き詰めてこぼれた言葉は、哲学に満ちています。本章では、毎年、年末に開催している子どものための野球大会の閉会式での言葉をはじめ、イチローさんらしい野球哲学の言葉を集めました。

217

# 試合に出られないさびしさは……これからでしょうね。

2018年5月3日、シアトル・マリナーズの会長付特別補佐に就任し、2018年シーズンの試合からは離れた（しかし、練習などには前と同じように参加し続けることになった）際の言葉。「もちろん、あると思いますけれども」とも言った。

# 218

ファンのみなさんへのメッセージ、ですか。
ぼくが最も苦手としていることのひとつです。

2015年1月29日、マーリンズへの移籍を発表する会見での言葉。「ファンへのメッセージを」という質問に対しては、「これは、質問ではなく、お願いですね」と言った上で。

219

ファンのみなさんへのメッセージ……少し考えます。
「これからも応援よろしくお願いします」とは、
ぼくは絶対に言いません。

2015年1月29日、マーリンズへの移籍を発表する会見での言葉。「新しい場所に行って、新しいユニフォームを着てプレイすることにはなりましたが」とも言った。

# 220

応援していただけるような選手であるために、
自分がやらなければならないことを続けていきます。

2015年1月29日、マーリンズへの移籍を発表する会見での言葉。「そうお約束して、それを、ファンのみなさんへのメッセージとさせていただいてもよろしいでしょうか」とも言った。

# 221

ぼくから質問してもよろしいですか？
この会見にあたって、どういう思いでここにいらしたのか、
聞かせてもらえますか？

2015年1月29日、マーリンズへの移籍を発表する会見で、ファンへのメッセージをというやりとりの後には、アナウンサーに向けてこのように質問した。アナウンサーは「誰も到達したことのない世界へ踏み出そうとしているイチローさんに、何が聞けるのだろうか、という思いです」と答えた。

# 222

簡単に答えるのが難しいのではなく、
難しく答えることが難しいと感じた、ということですか?
なるほど、そうですか。

2015年1月29日、マーリンズへの移籍を発表する会見での言葉。アナウンサーに「どういう思いでここにいらしたのか、聞かせてもらえますか?」と問い、それへの返答を聞き、さらに「訊かれて、どんな気持ちでしたか」と話した後に。

# 223

野球選手にとって、40歳という年齢は、
とても重要なポイントになります。
人間として成熟する前に現役を退かねばならない。
これは、とてもつらいことです。

2015年1月29日、マーリンズへの移籍を発表する会見での、年齢についての言葉。「自分がいちばん好きなことを、元気でできる間に、やっておきたい」とも言った。

# 224

40歳を越えて現役でいられるということは、ぼくにとって、とても大事なことです。

2015年1月29日、マーリンズへの移籍を発表する会見での、現役選手であることについての当時の言葉。「現役でないとわからないことが、たくさんあります」とも言った。

## 225

日本人は、技術や正確さが持ち味です。
うまい人が技術を磨いた時、磨かれた技術は、
アメリカ人にはないものがあるはずだから、
それを見せつけてほしい。

2019年6月20日、NBAウィザーズからドラフト1巡目指名を受けた八村塁選手（ゴンザガ大）に向けてメッセージを送った際の言葉。八村選手はイチロー引退時に迎えていたNCAAトーナメントの初戦で取材を受けて「ぼくはほんとうに、野球選手として大好きでした。彼には個性がありました。すごく謙虚で……彼は子どもの頃から、すべてを野球のために捧げてきたんじゃないかと思います。彼は、野球をすごく愛していた。違うスポーツですが、ほんとうに尊敬しています」と言っていた。

# 226

ファンの気持ちは、まさにぼくの原動力です。
ぼくのというより、プロ野球とはそういう世界なんです。

2013年8月21日、ヤンキースタジアムで行われたブルージェイズ戦で、日米通算4000本安打を達成しての言葉。「今日のことだって、観てくれる人がいなかったら、何も生まれないですから。そこは、アマチュアとの大きな違いです」とも言った。

# 227

ぼくのことが大嫌いなのに、
ぼくのために時間を使う人っているじゃないですか。
でも、それはぼくのために
エネルギーを使ってくれていることの証なので、
それも、嬉しいです。

2013年8月21日、ヤンキースタジアムで行われたブルージェイズ戦で、日米通算4000本安打を達成しての、好き嫌いについての言葉。「いちばんしんどいのは無関心なことですよね。無関心を振り向かすことって、無理なので。それがいちばんつらいですね。大嫌いでもいいから、関心を持ってくれたら嬉しいです」とも言った。

# 228

## おそろしい質問が来ると、咳をする習性があります。

2015年1月29日、マーリンズへの移籍を発表する会見での、質問についての言葉。この後、メジャーリーグにおいて、現役最年長の野手になりますが、と訊かれた際にも「おそろしい（質問）です」と言った。

## 229

ぼくは、41歳です。
ただ、たいへん申し訳ないんですが、
25歳でも45歳に見える人が、たくさんいます。
その反対であることができるように、
ちょっとずつ、前に進みたいと思っています。

2015年1月29日、マーリンズへの移籍を発表する会見での、年齢についての言葉。年齢のことを多く訊ねられることについて。「野球選手として、いやな年齢に来たな、という印象ですね」とも言った。

# 230

ぼくは、最低でも50歳までプレイしたい、
といつも言っています。

2018年3月7日、シアトル・マリナーズへの移籍を発表する会見での言葉。年齢のことを多く訊ねられることについて。「50歳までやって、やめるということではないんです」とも言った。

# 231

おそらく、これ、
目が潤んでいるように見えるとしたら、
時差ボケの影響だと思います。

2018年3月7日、シアトル・マリナーズへの移籍を発表する会見での、目が潤んでいるように見えることについての言葉。「こういう会見の場合、ぼくの目が潤んでいることが、メディアの方々は大好きみたいですけど」とも言った。

# 232

それぞれのチームでプレイをする時に、
そのチームのために全力を尽くすのは当然のことです。
どのチームでもそうです。最初の3年ぐらいを除けばですが。
最初の3年は、結果を出さないと消えていくだけなので、
それは違いますけど。

2018年3月7日、シアトル・マリナーズへの移籍を発表する会見での、チームについての言葉。

233

年齢のことって、みんなが、
なぜか、気にするところではあります。
例えば、40歳以上の選手は採用しないという考えなら、
自動的に省かれるんですから。

2018年3月7日、シアトル・マリナーズへの移籍を発表する会見での、年齢についての言葉。

## 234

今は、少し違う野球になってきた時代だと思うんです。
その中で、イメージとしては、
ケージの中でいちばん大きく育ってしまった犬を
優しく迎えてくれたような。

2018年3月7日、シアトル・マリナーズへの移籍を発表する会見での言葉。「それに対してすべてを捧げたい、と忠誠心が生まれるのは、当然のことだと思いますね」とも言った。

# 235

ペットショップで売れ残った、大きな犬みたいです。

2017年12月23日、自ら大会長を務め、故郷・愛知県豊山町で毎年おこなっている「イチロー杯争奪学童軟式野球大会」の閉会式での言葉。マイアミ・マーリンズとの契約が終わり、シアトル・マリナーズとの契約が決まる前の時点での心境について触れていた。

236

引退したら、ただ死ぬだけだと思います。

2017年3月に、当時の所属チーム・マーリンズの本拠地にあるマイアミ・ヘラルド紙の記者の質問に答えた際の言葉。

# 237

5000本安打は、
年齢に対する偏った見方がなければ、
可能性はゼロではないと思います。

2013年8月21日、日米通算4000本安打を達成した後、5000本安打について問われた際の言葉。

238

自分の志と言ったら、
ちょっと重いですけれども、　それさえあれば、
野球が好きだという気持ちが
失われることはないような気がします。

2016年8月7日、メジャー通算3000本安打を達成した際の、記者会見での言葉。「それ」というのは、「自分の志」のこと。

# 239

今のぼくに「まだまだこれから」という気持ちがあったら、
それは残念なことだと思うんです。
子どもの時のように「まだまだこれから」
というところまでは、もちろん、行くことはできません。
プロなので。

2016年8月7日、メジャー通算3000本安打を達成した際の、記者会見での言葉。

# 240

これからは、感情を無にしてきたところを、
なるべく、少しだけ見せられるようになったらいいな、
と思います。

2016年8月7日、メジャー通算3000本安打を達成した際の、記者会見での言葉。「今は4番目の外野手というポジションですが、嬉しかったらそれなりの感情を、悔しかったら悔しい感情を、見せられたらいいですよね」とも言った。

# 241

レジェンドって、何かへんな感じですね。
最近よく聞きますけど、
レジェンドってなんかバカにされたみたいでね……。

2016年8月7日、メジャー通算3000本安打を達成した際の、記者会見での言葉。アメリカでは、3000本安打は偉大なレジェンドの仲間入りを意味する、と記者に言われた後に。

## 242

感情を殺すことは、
ある時から、ずっと続けてきたつもりです。
今日、達成の瞬間もすごく嬉しかったんですけど、
抑えました。

2016年8月7日、メジャー通算3000本安打を達成した際の、記者会見での言葉。「変えないできたこと」を訊かれて。

# 243

あらがう気持ちは、全然ありません。
この感覚、わかります？
そういう人がいたほうが、面白いですし。
大統領選の予備選だって、
対立するから盛り上がっているわけです。

2016年6月15日、日米通算安打数でピート・ローズの安打数を上回る4257安打を放った際の言葉。ピート・ローズが「日米通算安打数」を認めないことについて問われて。

# 244

偉大な数字を残した人はたくさんいますけど、その人が偉大だとは限らないですよね。むしろ、反対のことが多いのかもしれない、とぼくは日米の経験を通して思います。

2016年6月15日、日米通算安打数でピート・ローズの安打数を上回る4257安打を放った際の言葉。「だから、モリターであったり、ジーターであったり、偉大さも伴っている人たちはすごいなと思いますね」とも言った。

# 245

ちょっと狂気に満ちたところがないと、
そういうことができない世界なのかもしれません。
偉大な数字を残すことは、人格者であったらできない、
というところもあると思うんです。

2016年6月15日、日米通算安打数でピート・ローズの安打数を上回る4257安打を放った際の言葉。「その中でも特別な人たちはいるので、だから、ぜひ、そういう偉大な人たちに、この記録を抜いていってほしいと思います」とも言った。

## 246

ぼくは子どものころから、
打つこと、守ること、走ること、考えること、
すべてできる人がプロ野球選手に
なるものだと思っていたし、
今もそう思っているんです。

2013年8月21日、ヤンキースタジアムで行われたブルージェイズ戦で、日米通算4000本安打を達成しての言葉。

# 247

打つこと、守ること、走ること、
それをすべてやるのは、ぼくにとっては普通のことです。
そうでなければいけないこと。
だから、それが際立って見えること自体が、
おかしいと思うんです。

2013年8月21日、ヤンキースタジアムで行われたブルージェイズ戦で、日米通算4000本安打を達成しての言葉。

# 248

打つこと、守ること、走ること、
それを長くキープできる選手が少ないということで、
年齢に対する偏った見方が生まれてきたんでしょうね。

2013年8月21日、ヤンキースタジアムで行われたブルージェイズ戦で、日米通算4000本安打を達成しての言葉。「そういう見方が生まれてきた歴史が、気の毒と言えば気の毒です。そういう偏った見方をしてしまう頭を持っている人に対して、お気の毒だなぁと思うことはあります」とも言った。

## 249

どこかの時点で、野球とはこういうものだ、
打つこととはこういうことだ、
生きるとはこういうことだ、とか、
そういったことが少しでも
見えたらいいなとは思いますけれども。

2013年8月21日、ヤンキースタジアムで行われたブルージェイズ戦で、日米通算4000本安打を達成しての言葉。「現時点では、それについて、みなさんの前で発表できることはありません」とも言った。

# 250

1本目のヒットは平和台（球場）で、
木村（恵二）さんからでした。
あの頃、3年は2軍でやるという気持ちでいたので、
明日から1軍でと言われても、最初は断ったんです。

2013年8月21日、ヤンキースタジアムで行われたブルージェイズ戦で、日米通算4000本安打を達成しての言葉。「2軍でやらなきゃいけないことがあるので、お断りできないですかと言ったら、だめで」とも言った。ここで言う「1本目」は、プロ野球に入って1本目のヒットのこと。

# 251

1本目のヒットの時は、
そんなに拍手はなかった?
あるはずがないでしょう。
味方のベンチからだって、ないですよ。

2013年8月21日、ヤンキースタジアムで行われたブルージェイズ戦で、日米通算4000本安打を達成しての言葉。「18歳の小僧が、あんなその筋の人たちの雰囲気の中で……周囲としては、そりゃ、気に食わなかったと思いますよ」とも言った。ここで言う「1本目」は、プロ野球に入って1本目のヒットのこと。

# 252

何で3年は2軍でと思ったかと言うと、
4年後には同い年で大学を卒業した選手が入ってくるから。
3年間で自分をきっちりつくって、
4年目にレギュラーを、というプランです。
5年目では遅い。

2013年8月21日、ヤンキースタジアムで行われたブルージェイズ戦で、日米通算4000本安打を達成しての言葉。「高校卒業のドラフト4位でしたけど、そういうプランがありました」とも言った。プロ野球に入って1本目のヒットについて話した流れで、当時の心境について触れている。

# 253

プロ入りの当時、野球のことをわかっていたか？
18歳のガキんちょが、
野球のことなんか何も知らないですよ……。
かと言って、今日のぼくが知っているかというと、
そこもクエスチョンマークが付くんですけど。

2013年8月21日、ヤンキースタジアムで行われたブルージェイズ戦で、日米通算4000本安打を達成しての言葉。「当時よりは、プロ野球選手とはこうあるべきだ、というような、自分が信じている哲学みたいなものは生まれてきましたね。18歳ではそれは無理です。まったくありませんでした」とも言った。プロ野球に入って1本目のヒットについて話した流れで、当時の心境について触れている。

254

メジャーのマウンドに立つという夢が叶いました。
でも、二度とピッチャーはやりません。
そして、二度とピッチャーの文句も言いません。

2015年10月4日、シーズン最終戦で自ら志願し、4点ビハインドの8回裏から登板した。その際の言葉。「メジャーリーグのマウンドに立つなんて、通常、ありえないことです。もちろん、思い出として記憶には残しますが、2回目は要らないですね。今季の自分の数字は、目を疑うものでしたが、あれをやっておけば良かった、ということはひとつもないです」とも言った。

# 255

ジーターの魅力は、
ありのままの人だということに集約されると思います。
本物の言葉は、聞いている人にはわかるでしょう。
誰が言うか、でも言葉の内容は変わる。
ジーターには、同じことを言っても、
意味が変わるだけの蓄積があります。

2014年9月25日、デレク・ジーター選手が現役最後の本拠地最終戦でサヨナラ安打を放った、その後のセリフ。「彼の場合、やっていることに、言っていることが伴っています。人間、誰しも欠点はあると思うんだけれど、この人に関しては、欠点がないことが欠点。もう、ありえない人ですね」

# 256

アメリカやラテン系の選手は特に主張が強いです。
でも、試合になると
主張したことを実現できないことのほうが多い。
そこは、自分の思いを秘めてやるほうが、
日本人らしくて、ぼくは格好良いと思います。
自分の思いを内に秘めて、立派な大人になってほしい。
それが、今年のぼくのメッセージです。

2013年12月23日、故郷・愛知県豊山町で毎年おこなっている「イチロー杯争奪学童軟式野球大会」の閉会式での言葉。

# 257

毎年ここに来て、同じように感じることですけど、
とにかくみんなの目がキラッキラしている。
とても嬉しいことです。
年齢を重ねていくとギラギラしてくる。
キラキラって感じがどうにも薄れてしまうんです。

2015年12月23日、故郷・愛知県豊山町で毎年おこなっている「イチロー杯争奪学童軟式野球大会」の閉会式での、少年野球に接していて嬉しいかについての言葉。

# 258

実は、キラキラしている表情や
空気というのはとても大切なんです。
今、みんなが感じているこの瞬間を、
ぜひ、記憶しておいてほしい。

2015年12月23日、故郷・愛知県豊山町で毎年おこなっている「イチロー杯争奪学童軟式野球大会」の閉会式での言葉。「子どものうちは大人に憧れもするけど、大人は子どもにとても憧れています。それは、ぼくも同じです。野球をしている時には、ぼくもキラキラしていたいです」とも言った。

# 259

野球を続けていく中で、
哲学が、ぼくの中から
生まれてくれることを期待しています。

2015年1月29日、マーリンズへの移籍を発表する会見での、哲学についての言葉。「哲学というものを、今のぼくは持っていないですけど」とも言った。

# 260

哲学という言葉はとても難しいですけど、
人間が成熟していく段階で、40歳を越えてからが、
すごく大きな意味を持つのではないかと思っています。

2015年1月29日、マーリンズへの移籍を発表する会見での、哲学についての言葉。

# 261

ぼくは、これまでもこれからも、
野球の研究者でいたい。

2018年5月3日、1ヵ月ほど選手としてプレイした後、シアトル・マリナーズの会長付特別補佐に就任し、2018年シーズンの試合からは離れた際の言葉。「ぼくの近くにいる人は、この感覚がわかると思いますが」とも言った。

# 262

選手でいる間はもちろん、
仮にこれで終わりだったとしても、
野球の研究者でいることは、
続けると思うんです。

2018年5月3日、シアトル・マリナーズの会長付特別補佐に就任し、2018年シーズンの試合からは離れた際の言葉。「だから、何か喪失感みたいなものは、実はないんです。チームと一緒に練習することもできるわけですし」とも言った。

# あとがき

２００５年に「夢をつかむ　イチロー２６２のメッセージ」が出版されて14年。その間、２００８年には続編として「未来を変える　イチロー２６２のメッセージ」、２０１３年には「自己を変革する　イチロー２６２のメッセージ」とシリーズ化し、多くの読者の皆様に支えていただきながら今日に至っています。そして6年ぶりに第4冊目の「永遠に刻みたい　イチロー２６２のメッセージ」を出版することができました。皆様からこのシリーズが愛されてきた証であることは言うまでもありませんが、やはりイチロー選手の言葉には時代に流されない普遍性があるからだと思います。

かつて広告会社でテレビ番組の企画作りを仕事にしていた私（池田）は、普段のインタビューでは聞くことができないイチロー選手の言葉を引き出したいという思いから、いくつかの対談番組を作りました。後に書籍化した北野武さんや矢沢永吉さんとの対談はとても刺激的な番組になりました。そんな中でもこの本の原点になった特別な番組があります。それは２００４

年３月に放送した「キャッチボール　ＩＣＨＩＲＯ　ＭＥＥＴＳ　ＹＯＵ」です。この番組は２００３年シーズンでイチロー選手が放った安打数と同じ数にあたる２１２人のファンと直接対話するという趣向で公開収録したもので、進行を糸井重里さんにお願いしました。そこで発せられたイチロー選手の言葉はスポーツ談義を遥かに超えた哲学であり、あるいは詩であり、音楽のように迫ってくる迫力がありました。そしてやはり書籍化した際、特に印象に残った言葉を「51個のイチロー哲学」という見出しをつけて掲載したのです。これが「２６２のメッセージ」シリーズの原点となりました。

この本を手に取っていただいたのはどんな理由ですか？　仕事も勉強もスポーツも、いつもいつも上手く行くわけじゃありません。でもどこかのページのひとつの言葉が、今のあなたを鼓舞したとすると、企画した者としてこれ程の喜びはありません。

この本の企画者を代表して

池田隆一・大澤直樹

**永遠に刻みたい**
**イチロー262のメッセージ**

---

2019年11月11日　初版第1刷発行

著　　者　「永遠に刻みたい
　　　　　イチロー262のメッセージ」編集委員会

監　　修　イチロー

協　　力　池田隆一（株式会社NOWHERE）

発 行 人　木本敬巳
編　　集　大澤直樹　島川真希
構　　成　木村俊介

発行・発売　ぴあ株式会社
〒150-0011
東京都渋谷区東1-2-20 渋谷ファーストタワー
編集／03（5774）5262　販売／03（5774）5248

印刷・製本　中央精版印刷株式会社

---

落丁・乱丁本はお取替えいたします。
ただし、古書店で購入したものについてはお取替えはできません。

ISBN　978-4-8356-3939-0